산이 한송이 꽃이다

심재칠 시집

심 재 칠

- 강릉 출생
- 아호 회산(淮山)
- 1997년 '시사사'로 등단
- 강릉 제일고 졸업
- 강원대학교 졸업
- 국민대학교 대학원 졸업
- 국가대표 육상선수 및 감독역임
- 경포 중학교 교장 퇴임
- 강원특별자치도 육상연맹 수석부회장
- 강원특별자치도교육청 주요재정 사업평가위원
- 심연수 시인 선양회 이사
- 김동명 시인 선양회 이사
- (사) 강원문인협회 이사

[저서]
- 2002. 수필, 포매호에 피는 꽃
- 2014. 햇볕에 익히고 달빛에 삭히고
- 2016. 대숲에 바람소리
- 2018. 세상은 문밖에 있다
- 2024. 산이 한송이 꽃이다

[수훈]
- 홍조근정훈장외 다수

산이 한송이 꽃이다

심재칠 시집

성원인쇄문화사

| 시인의 말

아직은 식지 않은 감성을 꾹꾹 눌러 담았다

남은 근육의 힘을 텃밭에
내려놓고
흙을 고르면서
돋아나는 새싹들의
아우성을 보며
다시 시작되는
사춘기가 된 듯
두근거리는 가슴으로
시 밭을 일구어
그대에게 올린다.

2024. 가을 초입에
淮山 심 재 칠

시인의 말 ─ 05

1부 숭고한 거짓말

門 ─ 11
대청봉 연가戀歌 ─ 12
외갓집이 강릉이래요 ─ 14
나이 ─ 15
내 맘속에 시계 ─ 16
마음의 무소유 ─ 17
그리운 섬 ─ 18
노오 ─ 19
그게 나야 ─ 20
당신 ─ 21
매화 ─ 22
파리 한 마리 ─ 23
출가 출 ─ 24
숭고한 거짓말 ─ 25
네가 좋아서 ─ 26
여전如前히 ─ 27
목화 ─ 28

2부 휴전선

휴전선 ─ 31
소는 소대로 나는 나대로 ─ 32
말문 ─ 33
대관령 삼포암 ─ 34
정동진 가는 길목 ─ 35

냉이꽃 — 36
산비예찬 — 37
아이고 — 38
내 몫이 아닌 것 — 39
고故 최명길 시인 화접사 시비 앞에서 — 40
유혹 — 41
아침노을에 황혼이 없다 — 42
주모 쟁탈전 — 43
다시 시작되는 사춘기 — 44
대관령 애愛 — 45
눈 내린 칠봉산에 올라 — 46

3부 정화수

정화수 — 49
촛대 바위 저녁노을 — 50
자벌레 선종 — 51
눈칫밥 — 52
바보처럼 — 53
막걸리를 마시며 — 54
설 쇠고 꽃나무 떠난 자리 — 55
봄 사색 — 56
오늘은 뭐하지 — 57
치장과 환장 — 58
똥과 오줌 속에 — 59
느림의 절정 — 60
대관령 첫눈 사랑 — 61
육상경기대회 — 62
한해 농사 마무리하며 — 64

4부 산이 한송이 꽃이다

추락하는 물방울의 절정 — 67
구름의 방을 찾아 — 68
산안개에 갇혀 — 69
그 강을 건너면 — 70
청정국토 양구 — 71
맨발로 산을 걸으며 — 72
재궁 집 — 73
벌과 똥파리 — 74
그런 사람 — 75
술의 미학 — 76
연줄 끊듯 세상을 놓아라 — 77
부정 출발 — 78
산이 뭐 길래 — 79
노을에 타는 중 — 80
삭거 독서索居 讀書 하다 보니 — 81
매미는 결코 울지 않는다 — 82

5부 수양산에 은거隱居 하며

은거隱居 첫째 날 — 85
은거隱居 셋째 날 — 86
은거隱居 닷새째 — 87
은거隱居 이레째 — 88
은거隱居 열흘째 — 89
은거隱居 열 사흘째 — 90
문을 나서며 — 91
아버지 나의 아버지 — 92

시해설 | 자아탐구, 혹은 기나긴 자성의 여정 / 심은섭 — 94

1부

숭고한 거짓말

門

안이 텅 비었으니
잠그지 않았고

밖이 텅 비었으니
문 잠그지 않았다

육신을 베고 누워서
내가 나를
찾는다

대청봉 연가 戀歌

바람 불면 흔들릴까
꽃이 피면 설레일까
생의 고비마다 말없이 받아준 내 영혼의
반쪽 같은 그대여

오르면 오를수록 더 높아지는 것만 같았던
끝이 없는 설악의 주봉主峯

천국과 지옥 같은 순간들을 수 없이 맛보며
넘나들던 나의 산아,
기다시피 올라오니 내려갈 때 더 막막했었다
혹한이 몰아칠 땐 창끝 같은 바위가 쩍 쩍 갈라질 듯
울부짖은 소리에
입은 옷이 무거워 발가벗고 싶었었다

그대의 심장 울림소리 들을 때마다
내 가슴도 터질 듯이 살아 있었고
그대는 나에게 전부를 내주었지만
나는 그대를 더럽힌 것 말고는 해준 것이
아무것도 없구나!

산을 안다고 했으나 산에 대해 말 못 하니
그대는 내 맘속을 꿰뚫어 알 것이다

백하고도 일곱 번을 받아준 대청봉 그대에게
마지막 입맞춤을 하며

외갓집이 강릉이래요

둥지 떠났다 명절 되니
철새처럼 날아오는 손주들

들꽃 만발한 숲길 나선 아이마냥
싱그러워진다

은빛 모래 위로 나풀거리며 꽃물결 치듯
꿈처럼 잠시 향기 피우고
때 되어 떠나고 나니
덩그러니 남은 두 사람
절간이 따로 없네

이쯤에서 바라보니
가장 아름다운 손님이다

나이

어느새
자랑거리 하나 생겼네

조금 뒤틀리면
내세울 내 나이

계단 오르듯
강물 거스르지 않고
새뜻하게 새긴 뼈의 무늬

나도 모르게
새기고 말았네

내 맘속에 시계

시계가 없는 세상에 살고 싶다

수탉의 긴 울음에서 깨어나
뻐꾹새의 산울림으로 점심을 먹고
부엉이의 느린 울음으로 저녁때를 깨닫는
하루를 보내는 시계

아침 햇살에 방긋한 나팔꽃으로 시작해서
낮 두 시 초화화 피는 절반의 하루를 넘어섬을 알고
흐린 날 분꽃 피어 하루해 지는 것을 알고
달빛 창가에 앉아 달맞이꽃을 바라보며
고즈넉이 하루 치의 삶을 마감하는
꽃피는 시계

세상의 길 한껏 올랐다가 내려오는 길.
시도 써보고 한바탕 잔치도 벌여보았으니
이제는 이 몸속에 천천히 가는 시계 하나
기르고 싶다

마음의 무소유

삶이란 무거워도 무게가 없고
치열하게 살아온들 두께도 없네

지나온 길 위에 새겨진 생채기투성이가
비늘이 되어 시산으로 흐르다 적의로 날아와
가슴에 옹이 하나 박혔네

쉼 없이 팔만 사천 배 하고서도 옹이 하나
뽑아낼 수 없음을

차라리 오두막에 성성이 앉아
형형한 달빛 말아 솔향에 취함이
삭히는 것인지도 몰라

그리운 섬

늘 마음속에 그립던
그 섬

다리를 놓고 나니
그 섬이 사라졌다

다리가 없어도

더 아름다운 그리움

그 섬에 가고 싶은

오늘

NO

노오
안됩니다. 라고 말할 수 있는 사람이
오래 산다고 하는데

좋아하지 않는 사람이 사귀자고 해도
노오.

시장 좌판에 필요 없는 물건 덤핑 에누리 해줘도
노오.

한잔 더 하자 해도
노오.

보증 서달라고 하여도
노오.

누가 이승을 떠나 다음 세상
같이 가자고 해도
노오.

내 그릇 용량 넘치기 전에 많이 노오
하는 사람이 건강합니다.

그게 나야

흰 구름이 되었다가
먹구름이 되기도 하는
새털구름이 나야

때론 바위를 부숴보기도 하고
은빛 모래에 뒹굴기도 하는
파도가 나였어

저 산 나무 아래 온종일 먹이 찾으러
다니는 다람쥐가 나야

저 산 노송의 진액을 빨아먹는
담쟁이가 나이기도 하고

이리 채이고 저리 부대끼던
모난 돌이 조약돌로 되어 가는 나

이젠 닳고 닳아 모서리가 없어진 돌,
아직 강바닥에서 바다를 향해 굴러가고
있는걸

당신

하늘에다 눈으로
당신을 씁니다

풀잎에다 이슬로
당신을 씁니다

바위에다 맨손으로
당신을 씁니다

강에다 조약돌로
당신을 씁니다

내 가슴에
문신으로 남아있을
당신의 이름

매화

가뭄에 목이 말라
기침하는
매화 가지

우수에 단비가
내려

꽃망울

하나 둘

툭 툭

던져놓고

가네

파리 한 마리

심원사 극락보전 불단 앞에 앉았다

두레박처럼 끄달려 오는 심원深源의 그 끝에서
마음 心자 하나 찾고자 헤매고 있는데
느닷없이 파리 한 마리가 귀찮게 한다

참는다!

내가 없으면 파리도 없을 텐데
땀에 절어 비릿한 내 몸을 핥는다

너도 중생
나도 중생인데
무얼 얻고자 함인가

파리 한 마리도 이해 못 하는 주제

참으로 우습구나

*심원사 : 철원 동성읍에 있는 사찰

출가 출

좌선을 한답시고 반가부좌 틀고 앉으니
의문이 생긴다

집을 나섰다

화두에 구멍을 막을 재간이 없다.
산사에 들어가 마음공부 더 해볼까
낭인을 찾아가 팔자를 논해볼까
늙지 않는 파도에 마음이나 섞어볼까

숨구멍마저 닫힌 두개골 안은
또 하나의 나와 치열하다

도대체
이 뭣꼬!

텅 빈 토굴방 바람만 들락날락
식은 재 같은 하루
상그러운 밤꽃 향기 또 피었네

숭고한 거짓말

가마 타고 시집올 때 함께 왔던 놋숟가락,
검버섯이 잔뜩 피어나 눈물로 닦아냈다

한술에 배부르면 얼마나 좋을까
밥그릇이 작아 보여 빨리 어른 되길 바랐었고
숟가락이 구겨지도록 집어삼킨 밥 한술,
당신은 배곯아도 자식 입만 소중했던 그 깊은 속내가
놋숟가락 안에서 살며시 미소짓네

너를 보면 먹지 않아도 배부르시다던
어머니의 반어 법,

손만 대면 깨지고 부서지는 사고뭉치 아들을
열두 폭 치맛자락으로 감싸 안으시던 님,
그 덕에 창던지기 선수로 태극기 달았다

밤이 깊어질수록 점점 커지는 개구리 울음소리
혹여 배라도 고픈 걸까
푸르던 보리밭이 황금 물결 넘실대면
또 다시 생각나는
그리운 어머니

네가 좋아서

검푸른 칠봉산이
간밤에 무명치마 두른 듯

온 산 눈꽃 송이
눈부신 아침

네가 올 수 없어
부르지 않아도 내가 간다

새하얀 치마폭에
안기고 싶어서

여전如前히

"여전히 잘 지내시죠"
"여전하시네요"

어제처럼 오늘도 내일도
지금 모습같이
아무 일 없었으면 하는,

그런 염원이 담긴 말

좀 살았다 싶으면
이 말이 참 좋다

목화

머리맡에 요강 두고 자던 그 옛날
폭신폭신한 솜이불 한 번 덮고 잤으면
원이 없던 시절이 있었지

산 언덕배기 자투리땅에 목화씨 심었더니
어린아이 볼 같이 발그스레 피어났네

내 어릴 적 꽃망울 익기도 전에 한 송이 따
입에 넣으면 달큰했던 맛에
마음은 언제나 고봉처럼 부풀어 올랐었지

긴긴밤
하얀 속살 풀어헤치고
씨알 빼니 포실포실한 손맛

내 손과 맞간 스킨십
꽃지고 맺은 솜털 꽃,
하도 신묘하여 울 손주 태어나면
베개 만들어주리다

2부

휴전선

휴전선

밟으면 토막 나고
물 흐르면 지워지고
바람 불면 사라지는게
선線인데

세상에서
가장 길고 오래된 선
끌로 파도 지울 수 없는 선
불을 놓아도 타지 않는 선

죽어있는 이 문장

마침표는 언제 오려는가
마주 보고 총을 겨누는
철통같은
전선

소는 소대로 나는 나대로

고삐 풀어 놓아 주고
내 고삐도 풀었다

소는 소대로 풀을 뜯고,
나는 나대로 놀다가 소도 잃고 나도 잃고
축 처진 어깨에 논두렁이
무너질 듯이 돌아오는 길

저녁밥 짓는 생솔가지 내음이 동구 밖에 퍼질 때
저만치 돌담 옆에 행주치마 감싸 쥐고
발만 동동 구르며 눈물 찍어 내시던
무한 사랑 나의 님

작두날 같은 아버지 눈동자,
외양간 앞에서 두 손 들고 서 있던 날
별이 총총한 밤하늘이
눈물로 채워졌다

말문

입이 떨어지지 않아
돌아누웠다

자는 척
하얀 밤을 지새우다
여기까지 왔다

이쯤 해서 열려고 해도
아직도 굳어 있는 혀

사
랑
해

대관령 삼포암

세상과 단절된 깊은 곳,
노송만이 산을 지키고
어머니 치마폭을 두른 듯한 바위벽에
삼단으로 떨어지는 물소리가
산천을 깨운다

폭포가 뛰어내리는 물소리에
옆 사람의 말조차 알아들을 수 없어
옳다 그르다 말하지 않으니
복잡한 내 안이 옥빛 물로 채워진다

가부좌를 틀고 앉아 물소리에 취하니
오욕을 씻은 듯 정신이 맑아져
세파에 시름을 한나절에
풀고 가네

정동진 가는 길목

하늘거리는 바람결에

살포시 옷깃 여미고

아침 이슬로 세수하고 나온

화장기 없는 얼굴

빈 가슴
고운 햇살로 빚어 채우고

하얀 미소로 우려낸 향기

세상 모든 이에게 드리는

말간 찔레꽃

냉이꽃

맨발로
동동거리며

지구를
들어 올리고
세상에 온 너

너의 사주는
나물이다 보니
꽃피어도
봐 주는 이 없구나

산비 예찬

떡갈나무 두드리는 빗방울
연주 소리

음표 없는 소리가
오히려 즐거우니

산이 악기이고
비가 현이다

고요를 반죽해도
절로 가락 맞추는 빗소리

아무도 간섭하지 않는

무위자연

저 소리

아이고

계단 오를 때도
버스 탈 때도
아이고 죽겠네 해도
죽은 사람 없고

아이고 미치겠네 해도
미친 사람 없고

아이고 아이고
남이 불러주면 내가 죽은 것

아이고
내가 말하면 내가 살아 있다는 것

아이고를 부를 수 있다는 건
그래도 행복한 말 아닌가

내 몫이 아닌 것

이 세상에 태어날 때 호적신고는
내 몫이 아니었지

내가 고작 하는 일은
밥 먹고 똥 잘 싸는 일

한세상 팔팔하게 살다가 늙고 병들어
노구가 되는 것은 내 몫

저세상에 들어갈 때 호적정리도
내 몫이 아닌 것을

故 최명길 시인 화접사 시비 앞에서

한 편의 시를 읽으며 눈물을 글썽이게 하는
시인이 있는가

누구나 시인이 될 수 있어도
절창의 시를 뽑아 온몸에 전율을 느껴
마음의 항복을 받아 낼 수 있으련가

그 누가
가슴에 우주를 담고 쉼 없이 퍼내어
마르지 않는 불길을
이 땅에 지필 수 있겠는가

세상에 시를 쓰는 이 지천에 깔려도
누구라도 눈물을 흘리게 쓸 수 있다면
나 이제 님께서 걷던 길
그 길을 택하겠다

유혹

나뭇가지마다 걸어 놓은 저 꽃들은
누구의 손짓입니까

봄볕에 부서지는 저 강물의 윤슬은
누구의 흔적입니까

몽연蒙然이 터지는 저 푸른 하늘은
누구의 봄입니까

밤하늘 별같이 돋는 새싹들은
누구의 장난입니까

피보다 진한 저 봄바람의 유혹을
당신이라면
차마 거절할 수 있겠습니까

아침노을엔 황혼이 없다

골대를 박차고 달려온 공처럼
구름에 얼싸 안겨 춤사위 현란하다

혼자 보기 가슴 벅찬
휘황한 맥놀이

노을 피는 이 아침
한참 바라보다
황혼 노을 잊었네

지음이 아니면
이 황홀
결코 말하기 어렵다네

주모 쟁탈전

서부시장 선술집
안개꽃 같은 주모
날마다 귀동냥으로
안되는 게 없고
모르는 게 없어
잡다한 세상사
줄줄이 다 받아주니
날마다 문전성시

어스름 주막에
목마른 외로움 마시러 왔다가
줄 듯 말 듯한 은밀한 미소에
동서 된 남정네들

장마당 모서리
서산에 지는 해도
깊숙이 기웃거리다 가네

다시 시작되는 사춘기

수십 년 끌고 다니던

무거운 몸뚱이

늙어 몸 가벼워지니

지고 갈 짐도 없어

마음이 산뜻 하니

꽃 보면 흔들어 주는

바람이고 싶구나

대관령 애愛

영성의 힘
가득한 대관령을
휘적휘적 홀로 걷는 이 있네

기묘한 구름이 모였다가 흩어지는
강릉의 영봉靈峰

골짜기마다 물소리 바람 소리
어우러진 향기에 취해
산을 나올 줄 모르는 님

서천 노을 맴돌이에 취한
그이의 도포 자락이
노을빛에 물드네

눈 내린 칠봉산에 올라

소복 입은 길들이 숨죽어 누워있다
하얀 바람 흔들림으로 눈 밟는 발자국이
뒤따라오며 지워진다

발아래 세상은 지우개로 지운 듯 온통 백지뿐인데
전깃줄에 걸린 온갖 세상 소문들만 윙윙대고 있다

내려올 때 돌부리에 채인 발가락이 아파도
탓하지 못했는데
문 앞에 막 놓인 석간의 잉크 냄새에
묻어 나오는 일상의 몹쓸 불평들이 우편함에
버젓이 꽂혀있다

산에서 버리고 싶었던 그 알량한 삶의 아쉬움 다 버리고
저 시궁창 같은 도시의 죄질들이
순백의 알몸으로 영원할 수 있다면

오늘만큼은 이 눈에 흠뻑 빠져
죽어도 좋으련만

3부

―――

정화수

정화수

그녀만이 주인인 뒤란 장독대
정성으로 빚어 올린 정화수에
별빛이 쏟아진다

자식이 먼 길 떠나기 전
문 틈새로 보이는 무명 저고리가 눅눅하게 젖어갈때
지문 닳는 소리가 하늘에 닿을 듯이
빌고 또 비는 간절한 염원

섬돌에 귀뚜리도 소리죽여 조용조용 울고 있는데
'천지신명이시여 우리 어머니 소원 한번
들어주시면 안 될까요'

간장보다 짙은 머릿결, 달빛에 희어지고
누에처럼 굽은 님의 손마디가 점점 더 굽어질 때
아들의 고치 집은 야물게 쌓여만갔다

그토록 초절超絶한 당신의 사랑으로
세상 한컨에 우뚝 서 있었습니다.

촛대 바위 저녁노을

동해에 와서는 굳이 아름다움과
추함을 분별하지 마라

붉은색을 좋아하니 홍등 아래
한잔하고
불꽃놀이 하면서 흥에 취해도 보겠지만
농부가 풍년들면 저토록 기꺼울까

지나치게 황홀하니 찰나에 지나가고
아픈 기억들은 길게도 가는 것을

만약에 울고 싶은 이가 있다면
해암정 능파대에 올라가
저녁노을을 보게나

* 해암정 : 고려 공민왕 삼척 심 씨의 시조 심동로沈東老가
  낙향하여 건립한 정자

자벌레 선종

하늘 줄 타고 땅으로 내려오는 자벌레

하늘의 불립문자

온몸으로 구불구불
오금 저리듯 펴고 오물이고

하늘에 명줄 입으로 꽉 물고
허공을 헤맨다

한 생애 나무이파리에
선연히 드러난 입 자국
까칠한 상처만 남기고

죽기는 죽어야 하는데
내려야 할 길 자로 재다가 또 오르고
애 터지게 생을 구걸한다

이 우주에서 그의 죽음을
아는 이 아무도 없다

눈칫밥

밥상에 때아닌
수육
한 접시

두리번
두리번

아내가 낮은 목소리로

"냉장고 제일 아래 칸에 있어요."

맑은 이슬 한 병

바보처럼

세상 물정 아는 바 없어
아무나 보고 꾸벅꾸벅
절하는 버릇이 있다

산에 올라와서도 나무와 꽃, 바위,
다람쥐 앞에서도
고맙게 여겨져
꾸벅꾸벅 절한다

어딘가 체기가 있었던지
산정에 올라가 가쁜 숨 놓고 나면
목구멍에서부터
창자까지 시원하다

한 움큼의 지난 세월
조금씩 고개 숙이면 언젠가는
바보처럼 살 수가 있겠지

막걸리를 마시며

곧은 빗줄기 태질하는 바람이
창문 뜯는 밤
썩은 누룩에 곰 삭힌 밥이 어우러져 익은
시큼 텁텁한 어머니의 한 생애를 마신다

삶의 무늬가
살포시 온몸 맴돌면
봄 향기 같은 지문 읽는다

낙향하여 벗들과 새 삶의 환희를 위해
둔탁함을 흔들어 깨워
말간 양재기 부딪는 소리
귀밑머리 하얗게 우정 익어갈수록
밤은 야멸차게 깊어간다

속 살배기 다 드러내도 허물이 없는
배추꼬갱이 같은 살가움이
강물처럼 흐른다

설 쇠고 꽃나무 떠난 자리

날마다 텅 빈 고요가
적빈赤貧처럼 가슴속을
쓸어내리던 날 갑자기
꽃들이 왔다

작년보다 부쩍 자란 꽃나무들
높다란 천장이 낮아졌다
달려온 매화나무가지에
보송한 움이 돋아나고
뒤이어 산수유도 목련 나무도
덩달아 분주하다

꽃나무는 바람 먹고 자란다
바람은 머물지 않아
바람보다 먼저 떠난 텅 빈 자리

꽃이 떠나고 나면 산이 아닌데 깊은 산중이다
언제나 내게 올 수 있다는 기대만으로
위안이 되는 것을

봄 사색

하던 일 뒤로하고 슬그머니 빠져나와
산속에 들어가 휘적휘적 걷다 보니
새잎에 풋풋한 내음
찻물처럼 달구나

수항계곡 수달래 지천으로 피어나
분홍빛 꽃물이 몸살처럼 번져오니
때마침 내린 봄비에
넋을 놓고 말았다

해 질 녘 강가에 앉아 내 얼굴 비춰보니
그 또한 말없이 물끄러미 바라보며
무엇을 물어보냐고
되레 묻고 있구나

오늘은 뭐하지

그는 한 번도 나의 발을 거절하지 않았다

무조건 순종하며 따라 다니는 나의 신발을
의지해 남대천 변을 따라 저잣거리로 나섰다
늘 그랬듯이 발이 가는 대로 걷다 보면
그가 먼저 잡은 코스에 이끌려 내가 그를
순종하게 된다

손부채가 전부인 문이 없는 주막집,
철 지난 과거들이 모여 앉아 탁자 모서리가
뭉그러지도록 빙빙 돌다가 속에 있는것 다 꺼내놔도
절대로 밖으로 새지 않는 철모 같은 의리

삶의 넉두리를 구겨진 잔에 담아
하루 치의 언어들을 다 쏟아붓고 나면
가붓한 밤길을 홀로 걸어 올때
낡아빠진 신발에 빗물이 스며들어도
오늘은 한없이
좋은 날

치장과 환장

꽃은 제멋대로 피어도
질서가 있고
스스로 꽃물을 들여도
피해주지 않는다

글 쓴다고 훈장처럼
매달린 상흔償痕
뽐내지 마라

치장한 글엔 향기가 없고
환장하게 쓴 글엔
장구長久한 세월에도
바래지 않는다

똥과 오줌 속에

하늘 아래 첫 동네 대관령
동물농장 온종일 똥과 오줌 치우네

말똥을 벽에 바르고 밥을 짓는
유목민의 순한 눈빛처럼
날마다 말똥 치우니
나도 말이 되어가네

해종일 똥과 오줌 하나 되니
똥인지 오줌인지
따져 무엇하랴

깨끗함은 더러움에서 나오고
밝음은 어둠에서 나오는 것을

느림의 절정

두꺼비가 지평을
어기적거리며 기어간다

누가 보든 안 보든
무소의 뿔같이

내 눈도
그 뒤를 따라가다
갑자기 진동하는 냄새

느림으로 살아남는 비수

그 옆에 개구리는
세상 구경 나왔다가
허공을 솟구쳐
물속에 풍덩

대관령 첫눈 사랑

대관령에 첫눈 내리고
또 내리다 그치고 나면
화안이 밝아집니다

구름이 산을 떠나고
지상에 가장 맑은 고요
바람마저 숨죽인
저 고절의 산상을
곁눈 팔지 않고 하염없이 바라만 봅니다

오래 바라보면 바라볼수록
참 좋습니다
보다가 보다가 끝내 늙고
그렇게 죽어버리는 것이
내게 가장 아름다운 일입니다
산이 가까워질수록
눈처럼 하얗게
내 몸을 열고 스며옵니다

육상경기대회

팔월의 더위가 출구를 잃어버린 듯
트랙의 껍질을 태운다
까맣게 그을린 얼굴엔 밤 고양이 눈처럼
빛이 나는 아이들,
뜨거울수록 잘 익는
도자기처럼 땡볕이 영양소다
그들은 물푸레나무다
누가 더 견고하게 자랐는지
전국에서 모여들어 빠름을 견준다
신호총 쏘기 전엔 치열하게 경쟁하지만
경기가 끝나면 강아지들같이 모여
깡깡거리며 지친 몸으로도 사이좋게
껴안는 순수한 꿈나무들,
자신과의 싸움을 스스로 하고 있으니
이미 부처나 다름없다
푸른 강을 건너고 있는 아이들을
보면서 흑백 필름 돌려보니
백척간두에 서 있던 날들에 가슴이 시리다

불볕에 증발된 살갗이 삶은 감자 껍질
처럼 보여도 경기장에 서면
매의 눈으로 돌변하는 지도자들,
그들의 늘어난 나이테가
경련을 일으킨다

- 충북 보은 초.중.고등학교 육상경기 대회 2024.8.8.-

한해 농사 지으며

입춘 지나고 바로 밭에 나가
한 삽 두 삽 갈아엎고 주무르니
새색시 분가루처럼 고와지네

고랑과 이랑 정갈히 빗질하니
장을 보러 가시는 울 엄니 머릿결같이 곱구나

굳은 땅 살포시 여민 여린 씨앗들
자고 나면 훌쩍 커가는 새싹들
고추 오이 호박 토마토 옥수수들
여린 바람에도 물결치며 잘도 노닌다

수많은 손질로 갈무리 하며
삽은 삽대로 호미는 호미대로
편히 쉬게 하고
나도 같이 쉬어보네

4부

———

산이 한송이 꽃이다

추락하는 물방울의 절정

이슬이 모여 물방울로 떨어질 때
물보라가 생기고
마침내 큰 물결로 되돌아옵니다

인연이 닿았던
이승의 온갖 바람 소리와
처마 끝에 모여있던 빗방울이
추락의 절정에서
세상 위에 군림하는 왕관 모양도
다보탑도 미친 넋이 되어 물로 돌아갑니다

단내나는 삶 속에 진땀을 흘리며
허욕에 부풀은 마음의 무게도
파도에 씻기는 몽돌이 되어
바다에 이르면 좋겠습니다

구름의 방을 찾아

꽃무늬 햇살 머무르던
기억의 강 저편에 흔들리는
갈대꽃 이파리
바람에 몸을 싣고 노을 어귀에
서성입니다

메말라 부서지는 언어들은
서걱거리는 시래기 타래처럼
빗방울을 그리워합니다

내 마음을 칭칭 동여 맸던
푸르렀던 은어들은 식어가고
별일 없듯 받아주던
굴렁쇠 안의 바람도
노을 어귀에 서성이는 구름의 방에
몸을 기댔습니다

산안개에 갇혀

안개 자우룩한 산속

도토리 한 개

툭

돌 틈에 놀란 다람쥐
달덩이 같은 볼
눈 비비고
세상 밖 내다보네

숲속 외길
둘러맨 걸망에 갈등 하나
나를 쫓네

안개 낀 나무 사이
날은 어두워 갈 길 먼데
이 길일까
저 길일까

그 강을 건너면

그 강을 건너가면
슬플 것 다 슬퍼해 본 사람이
괴로움을 씻어 햇볕에 널어두고 있으리

아플 것 다 아파본 사람만이
가장 아름다운 노래를 부를 수 있으리

살면서 깊어지는 여울목에
장단에 맞춰 구불구불 펼치는 그 강의 울음을
청호반새에게 돌려줄 수 있으려나

물가 윤슬에 반짝이는 사금파리 보다
더 빛남을 알았을 때
곱게 길들여진 아름다운 사람
거기 있으리

청정국토 양구

하늘이 물빛인지 바다가 하늘인지
분간키 어려워라
영롱한 아침 이슬에 꽃이 눈부셔
덩달아 내 몸에 청라를 걸친 듯하네

내 너를 너무 많이 쳐다보다
새파란 하늘에 때 낄까 두려워
아카시아 꽃나무 아래 비켜 서서 본다

저 푸르른 하늘을 보다가
아직은 아니구나
지상의 바람 혼탁해졌다고
슬퍼하는 것은

아직은 이르구나
세상 사람들의 마음 모두 녹슬었다고
탄식하는 것은

별들조차 숨을 곳이 없는 청정 하늘,
아직 세상은 때 묻지 않았다

맨발로 산을 걸으며

밟아도 말이 없는 산을 오른다
자연스레 밟는 발길이 길이 되어진다

지난밤 큰비에 다 쓸려가고 남은 돌부리
산이 더는 줄 게 없어 누워있다
내 어릴 적 시냇가 자갈밭 걸어가듯
맨발로 산길을 걷는다
오장육부를 들쑤시는 돌팍길에
어깨춤이 절로 난다

찔리는 아픔도 괜찮다

나이 들어 찾아오는 아픔들마저
오히려 친구삼아 즐기는 편이
오히려 즐겁구나

재궁齋宮 집

무덤을 병풍 삼고
경계 없는 삶과 죽음 속에
그들은 산다

산 자와 죽은 자
가릴 것이 없는 곳

잿밥은 두고 가란다

원래 없음에서 생겨났다
없으므로 돌아가는 것

으시시 떨리는
음침한 날에도
편히 잠을 잔다네

벌과 똥파리

똥 밭도 감사하여
손발 비비는 파리는
온 세상 활개 치고

꽃밭에 꿀 빨고도
똥구멍에 독침 감춘 벌은
벌통에 숨어 사네

파리는 파리대로

벌은 벌대로

그런 사람

사람도 글이 되는 사람이 있다
종이나 나무, 돌에 새겨진 그런 글이 아닌

아무리 둘러봐도 글자 하나 보이지 않는
그는
그저 바라만 보아도 달빛같이 맑아지는
그는
한 권의 경전으로
걸어가고 있다

산을 넘어선
님을 찾아
바랑하나 걸머지고
따라나서는 사유思惟의
길

술의 미학

마음보다 몸이 먼저 눈을 뜨던 시기에
객기의 여자보다 더 끊기
어려운 것을

문득 뒤돌아보니 서까래에 몸을 맡긴
시래기의 처절한 몸부림처럼
한 점 두 점 부서져 가며
처마 끝에 매달려 잎을 지키고 있는
시래기 같은 세월

낙인찍히지 않으려고
독한 술 마다하지 않던 한때의 고독
홀연히 다시 돌아보니
그땐 그랬어야 했구나

오달지게 퍼마시던

연줄 끊듯 세상을 놓아라

흐르다 흐르다
어느 날 문득
세월에 틈이 보이거든
가던 길 멈추고
그 사잇길로 걸어가 보게

정신없이 살아가다
잠시 곁가지도 살펴보게

모든 것 허허로우면
주저하지 말고
마음의 둥지 놓아보게

하늘 맞닿는 연줄
끊어 버리듯

보지도 듣지도 못했던
빛이 보일 것이네

부정 출발

제자 : 단거리에서 부정 출발이 많은 까닭은
         무슨 이유입니까?

스승 : 그러면 마라톤에서 부정 출발하는 것을 보았느냐?

제자 : 아직 한 번도 본 적이 없습니다

스승 : 그렇다. 단거리는 눈앞에 목적지가 보이니
         빨리 가려고 하는 욕심이 차서 그러느니라

제자 : 마라톤은 부정 출발이 왜 없사옵니까?

스승 : 멀리 내다보고 힘을 아끼면서 자기 수준에 맞게
         끝까지 가고자 하는 마음에 여유가 있어 그러
         하느니라

   그날 이후부터 제자는 거북이처럼 뛰어도
   금메달을 걸었다는 소문

산이 뭐길래

산 아래 오두막
산만 보고 앉아 있노라니
지나는 길손

'우두커니 산만 보고 있느냐'하기에

그러는 그대는
이 산에 무얼 구하러 왔소.

노을에 타는 중

푸른 숲에 암각화 된 진달래꽃
그 뒤에 노을이 섰다

어둠의 속앓이 들끓어
붉게 피는 산 장엄하다

우주 앞에
꽃망울 노을 옷 입고
막 새로 태어나는 대관령

무한 고요의 몸부림
침묵하는 자의 가슴에
핀 불덩이 한 다발

산이 한 송이 꽃이다

삭거독서索居讀書하다 보니

들풀 돋듯 무성한
세상에서 잠시 물러나
오두막에 나 앉으니

만남과 헤어짐은
늘 있는 일

지나면 노래되고
약이 되는 사랑이 있고
지나면 병이 되고 독이 되는
사랑도 있다

아픔을 시로 쓰는
시인을 좋아했지만
나는 노래가 되는
가슴을 지닌 사람이 되었다

숙명의 짐을 풀어 줄
따스한 울림
시를 쓰다 자꾸 닮아간다

매미는 결코 울지 않는다

그는 울어야 할 입도 야들한 성대도
흥건한 눈물샘도 없다

그의 울음은 감정조절 장치가 급조한
비활성 음원이거나
소리와 울림이 결합한 비장의 언어다
노래하기 위해 태어난 매미는
떨림판을 가진 뮤지션musician이다

무금선원 어둠의 7년
득음한 절창으로 짝을 찾는 구애는
필생지대사畢生之大事
내일이 없는 오늘의 생음악은
절대 음역의 스토리텔링이다

매미는 결코 울지 않는다
눈물로 호소하지도 않는다
의사義士 매헌梅軒처럼
오직 당신을 향한 일편단심
버스커busker일 뿐이다

*매헌(梅軒) 윤봉길 의사의 호

5부

수양산에 은거隱居 하며

은거隱居 첫째 날

회산마을 수양산 한 귀퉁이
고치 집만 한 오두막이 있어 은거 처로 삼았다.

내 손으로 문을 열고
내 스스로 문을 걸어 잠근다

감투가 벼슬인 양 분주하게 살다 보니
복잡한 틀 속에서 오히려 고립되어
왠지 모를 허허로움만 쌓여 갈 뿐이라

겉치레 없는 삶이 무엇일까
잠시라도 입을 걸어 잠그고
벽보고 앉아서 명상에 잠긴다

은거隱居 셋째 날

고요에 갇혀 벽과 벗하니 실낱같은 바람에
마음은 홀가분하기 그지없는데

입을 열지 않아도 지난날의 기억들이
봄 쑥 자라듯 자꾸만 올라와
번뇌의 싹들을
모두 잘라내고 싶다

뒤돌아 짚어보니
세상일에 참견을
많이도 했었구나

잠시도 떨어져선 못살 것 같던 사랑하는 이들도
사흘이 지나고 보니 그럭저럭
견딜 만 하구나

은거隱居 닷새째

문 걸어 잠가도 익숙한 그림자
눈앞에 아른거려
해가 지면 욕망의 불씨 다시 타올라
흐르는 강물에 한바탕 후련하게
퍼내고 싶구나

종심이 지난 후 마음의 심지는
아직도 활 활 타오르는데
풀어야 할 과제들을 잡고서
글 한 줄 써보려 하니
백지에 검은 점만 파리처럼 날린다
아!
열리지 않는 이 심안心眼을

어찌할꼬

어찌할꼬

은거隱居 이레째

생각의 고삐를 옭아매고 잠깐 조는 사이
하루해 다 가고 세상일에 눈멀어지니
오히려 글쓰기가 힘들어지는구나

멈춘 산을 바라보니 소나무가 울고
냇물이 출렁거려 걷잡을 수 없어
달빛을 베어낼까 하니
별들이 외롭다 하네

걸친 옷가지 벗어내고 싹을 틔운 몇 자라도
행간을 채워볼까

깊은숨 몰아쉬고 다시
서안書案에 앉는다

은거隱居 열흘째

세상에 펼치던 수많은 오지랖
밤송이처럼 돋아나는 부질없는 것들

문밖 기척에 화들짝 장지를 여니
삼경의 별빛이 오두막 가득하네

차곡차곡 뱉지 못했던 수많은 언어가
와르르 쏟아질 때
말하고 싶었던 입술이 달싹인다

이 밤

그대가 그립습니다

은거隱居 열사흘째

토굴 방 오관 걸어 잠그길 열 사흘째

실타래처럼 엉킨 온갖 망념 불태워버렸는데
되살아나는 현실의 혼란은 또다시
옥죄려 드는가

닫았던 문 열고 보니 어제까지 묵언 수행
어디로 갔는지
침묵 깨우는 산새 소리가
절창이로구나

내 안에 있던
수십 갈래의 문이
하나였다는 것을
이제서야 알았네

문을 나서며

오늘은 봄비가 하루종일 움막을 두드린다

세상 밖은 아직도 송곳 바다일까
떨어지는 빗방울이 뒤틀린 폐부를 찌르듯이
흙을 헤집어 놓는다
끊을 래야 끊어낼 수 없는 인연의 관계가
스멀스멀 되살아난다

오직 바라는 건 늙어가는 세월 앞에
가야 할 곳도
해야 할 것도
달 아래 구름 흐르듯
걸림 없이 가기를

잠시나마 무위진인無位眞人이 되는 양
헝클어진 턱수염을 쓰다듬어 본다

아버지 나의 아버지

내 어릴 적 돌팔매질에 자신이 있어 신작로에 자갈을 주워
신기한 시발택시 바퀴 사이로 던져 빠져나가기를 기대했다
돌멩이는 그대로 택시 창문을 뚫고 들어갔다
집으로 도망쳤다
운전사는 집까지 따라와 아버지에게 성난 항의하는 사이
나는 무서워 뒷담을 넘어 감나무 뒤에 숨어 바라보았다

아버지는 연실 허리를 굽히며 무언가 나누더니
운전사는 대문을 나섰다. 날이 어둡기를 기다려 토담 아래서
허기진 배를 움켜쥐고 있는데 어머니가 몰래 나를 뒷방으로
데리고갔다
아침상에 아버지와 앉아 먹는 밥이 코로 들어가는지
입으로 들어가는지
분간을 못 하고 먹는 둥 마는 둥 책보를 어깨에 둘러
메고 학교로 내 달렸다
아버지는 살아계시는 동안 그 비싼 시발택시 창문을 깬
나에게
한 말씀도 안 하셨다.

나는 그로부터 7년 후
대한민국에서 창던지기를 제일 멀리 던지는 선수로
영광스럽게도 태극기를 가슴에 달았다
열네 살에 돌아가신 아버지를 위해 출세하여 고향을
떠나기 전까지
하루도 빠짐없이 수양산자락 아버지 산소에 문안 인사를
드렸다
아버지께 달아드리지 못했던 금메달,
평생토록 가슴에 맺힌다

존경하는 아버지 어머니 영전에 이 시를 바친다.

| 심재칠 시인의 네 번째 시집 『산이 한 송이 꽃이다』 시해설

자아탐구, 혹은 기나긴 자성의 여정

심 은 섭 (시인·문학평론가)

 시를 쓴다는 것은 고통스러운 일이다. 이 고통을 즐기며 시를 쓰는 행위를 생톰(symptom)글쓰기라고 한다. 이러한 고통을 즐기며 시를 써야 하는 것이 시인이다. 시인의 사유는 정주해서는 안 되며, 늘 진보해야 한다. 진보는 새로운 것을 추구하는 방향으로 흘러야 하고, 아름다워야 한다. 이 아름다움은 그냥 아름다워서는 안 된다. 아우라(aura)가 동반되어야 한다. 이와 같은 내용을 자신의 시작품에 담으려면 피나는 습작과 습관적으로 시를 쓰는 태도를 지녀야 한다.
 이 같은 사유로 살아가던 어느 날, 심재칠 시인이 무더위가 지상의 모든 만물에게 안겨준 지루한 고통에도 아랑곳하지 않고 네 번째 시집 『산이 한 송이 꽃이다』를 상재했다는 소식을 전해왔다. 마땅히 축하 받아야 할 경사스러운 일이라는 생각과 한편으로는 영국의 헉슬리(Huxley)가 말했던 "귀는 낯익을 것을 좋아하고, 눈은 낯선 것을 좋아한다."는 말에 맞는 시집을 상재 했을 것이라는 기대도 해보았다. 이것은 예술 행위의 본질 중에 하나다. 예술은 낯선 것을 생산하면서, 그런 것을 낯익게 하는 중독성을 가진다. 심재칠 시인도 예외적일 수 없는 가능성을 기대하며, 네 번째 시집 『산이 한 송이 꽃이다』에 실린 60여 편을 분석해 본 결과는 3가지 경향의 시 세계로 파악되었다. 그 세 가지를 상세화하면 다음과 같다.

선적(禪的) 자성(自省)

심재칠 시인의 네 번째 시집 『산이 한 송이 꽃이다』의 60여 편 중에 선적(禪的) 자성(自省)의 시가 25편 이상 실려 있다. 즉 선적(禪的) 자성은 어떤 대상이나 현상에 대해 깨달으며 스스로의 반성하는 일이다. 이처럼 깨달으며, 자성하는 일이 말처럼 쉬운 일은 아니다. 그러나 시인은 자기 구원을 위해 성찰과 반성을 해야 하며, 이런 시 쓰기의 궁극적인 목적은 도(道)에 이르기 위한 것이다. 도(道)에 이른다는 것은 열반에 드는 일이다. 이에 심재칠 시인도 앞의 명제를 따르는 시 쓰기 행위와 다를 바 없다. 이를테면 심재칠 시인 역시 시를 쓰는 행위는 도(道)의 이르려는 결단이며, 자기완성의 수단이다. 즉, 시인이 자기완성을 한다는 것은 유연한 사고(思考)의 명상 속에서 언어를 다스리며, 허구적 대상에서 진리를 찾아내는 인격체 형성임하는 일이다. 특히 시집 『산이 한 송이 꽃이다』의 제4부에 실린 7편의 연작시는 전적으로 선적 자성의 시에 해당된다. 그것은 다음의 시에서 알 수 있다.

　안이 텅 비었으니
　잠그지 않았고

　밖이 텅 비었으니
　문 잠그지 않았다

　육신을 베고 누워서
　내가 나를
　찾는다

　　　　　　　　　　　　　-「문」전문

선시(禪詩)를 사전적 의미로 요약하면 불교의 선사

상(禪思想)을 바탕으로 하여 오도적(悟道的) 세계나 과정·체험을 읊은 시이다. 이 과정에서 얻은 깨달음을 언어로 기록한 것을 말한다. 선(禪)은 오랜 수련 끝에 얻은 심오한 깨달음이든 아니면 순간적으로 얻은 깨달음이든 그 깨달음의 그 자체가 목적이다. 달리 말하자면 그 어떠한 조건도 요구하지 않는 궁극의 목적은 깨달음이다. 그 깨달음은 외부에 의해 깨달음을 가져오는 것도 중요하지만 자성(自省)으로 빚어낸 성찰이 진정한 깨달음이다. 따라서 심재칠 시인은 육체와 마음의 모든 활동에 대해 책임을 지고 있는 '나'를 끊임없이 자각하도록 자성하고 있다. 즉 '내가 나를/찾'고 있다. 요컨대 심재칠 시인의 시 쓰기는 "나는 누구인가?"라는 자아탐구라고 말할 수 있다. 자아탐구는 내가 누구인지, 또는 나의 정체성은 무엇인지를 찾아내는 과정이며, 그런 과정을 통해 '삶이란 무거워도 무게가 없고/치열하게 살아온들 두께도 없'(「마음의 무소유」 일부)다는 결론에 도달하는 일이다.

앞에서 제시한 「문」에 사용된 모든 시어가 우리들의 일상에서 사용되는 언어와 구별된다는 것을 알 수 있다. 가령 '텅'이나 '비었다'는 것이나 '육신', '내가 나를/찾는다'는 어휘나 문장 등을 그 예라고 말할 수 있다. 어찌 보면 소크라테스가 말했던 "너 자신을 알라"는 말과 일맥상통한다고 해도 과언은 아닐 것 같다. 우리 모두 주지하다시피 '내가 나를 안다'는 것은 얼마나 어려운 일인가. 내가 타인이 되는 것보다 더 어려운 일이다. 그런 어려움을 마다하지 않고 시를 통해 자신이 누구인가를 탐구하는 정신이 심재칠 시인의 시 세계의 한 부분을 차지하고 있다는 점이다.

  심재칠 시인은 일상적으로 수행하는 성직자가 아니다. 즉 오체투지(五體投地)로 수행하는 것이 아니라 시 쓰기라는 행위를 통해 수행한다. 그런 까닭에 그에게 시 쓰기 행위는 곧 수행이다. 그러므로 그의 시(詩)에서 사용된 시어(詩語)는 언어(言)의 사원(寺)이고 사원(寺)의 언어(言)라는 점을 알 수 있다. 그래서 '선적 자성'은 시 쓰기 수행과 상당한 관련성을 가지고 있는 것이 분명하다. 그래서 심재칠 시인의 시는 '계단 오르듯/강물 거스르지 않고/새뜻하게 새긴 뼈의 무늬' (「나이」 일부)로 탄생한다.

    심원사 극락보전 불단 앞에 앉았다

    두레박처럼 끄달려 오는 심원深源의 그 끝에서
    마음 心자 하나 찾고자 헤매고 있는데
    느닷없이 파리 한 마리가 귀찮게 한다

참는다!

내가 없으면 파리도 없을 텐데
땀에 절어 비릿한 내 몸을 핥는다
너도 중생
나도 중생인데
무얼 얻고자 함인가

파리 한 마리도 이해 못 하는 주제

참으로 우습구나

　　　　　　　　　　-「파리 한 마리」 전문

  예시로 든 앞의 시「파리 한 마리」도 선적 자성의 의미를 전달하는 시다. 화자가 있는 곳은 심원사 극락보전 불단 앞이다. '두레박처럼 끄달려 오는 심원 深源의 그 끝에서/마음 心자 하나 찾고자 헤매고 있'다고 진술했다. 이처럼 '마음 心자를 찾'는 일도 자아 탐구다. 그래서 시 쓰기는 질문으로부터 출발한다. 심재칠 시인도 '너도 중생/나도 중생인데/무얼 얻고자 함인가'라는 질문을 통해 '내가 없으면 파리도 없'다라는 그 해답을 얻어낸다. 시는 반성의 결과이며, 성찰이고 한 번쯤 걸어온 길을 뒤 돌아보며 반추하는 일이다. 이런 명제가 요구하는 것에 해답이라도 하듯이 '파리 한 마리도 이해 못 하는 주제'라는 자성을 내놓는다, 심재칠 시인은 이런 시적 태도로 깊은 성찰을 가져왔으며, 자아탐구가 이루어질 때까지 '참는다'는 진술로 인내심을 드러내기도 하고, '참으로 우습구나'라는 표현으로 자각을 갖기도 한다.

 더 나아가 심재칠 시인이 추구하는 자아탐구를 좀 더 확대·해석해 보노라면 한 편의 시를 통해 자신이 한 일에 대해 돌이켜 보고 깊이 생각하는 성찰의 기회를 갖는다는 점이다. 이런 일들은 일종의 가톨릭에서 말하는 고해성사와 같은 것이다. 그의 시작품 중에 「출가 출」에서도 자아탐구의 시정신이 드러난다. '좌선을 한답시고 반가부좌 틀고 앉으니/의문이 생긴다' (「출가 출」 일부)고 전제를 하고, '집을 나섰다', 그리고 '도대체/뭐꼬!'라며, 짤막한 질문을 던진다. 그리고 이내 어느 누구의 삶이든 '식은 재 같은 하루'라는 결론에 도달한다. '식은 재 같은 하루'라는 점을 부각시킨다는 것은 곧 일반 독자들에게도 삶이 일장춘몽이라는 의미를 간접적으로 일러주며, '하늘 줄 타고 땅으로 내려오는 자벌레' (「자벌레 선종」 일부)도 이 지구상을 받들기 위해 언어나 문자가 무슨 필요가 있느냐는 것이다. 마음을 단순히 언어나 문자에만 의거하는 것이 아니라 마음에서 마음으로 전해진다는 '불립문자(不立文字) 교외별전(敎外別傳)'의 심정으로 살아가는 것을 본받아야 한다는 주장을 펼쳐오고 있다.

    토굴 방 오관 걸어 잠그길 열 사흘째
    실타래처럼 엉킨 온갖 망념 불태워버렸는데
    되살아나는 현실의 혼란은 또다시 옥죄려 드는가

    닫았던 문 열고 보니
    어제까지 묵언 수행 어디로 갔는지
    침묵 깨우는 산새 소리가 절창이로구나

    내 안에 있던/수십 갈래의 문이/하나였다는 것을
    이제서야 알았네
                      -「은거隱居 열 사흘째」 전문

  은둔(隱遁)은 단순히 세상을 피하여 숨어 있는 것을 말하지만 은거(隱居)는 세상의 일에 관여하지 않고 숨어 산다는 뜻으로 이 두 개의 개념은 미묘한 차이를 보인다. 따라서 은거는 은둔보다도 '숨어 산다'는 의미가 더 구체적이고 확정적이다. 이처럼 심재칠 시인은 은둔이 아니라 은거하면서 '내 안에 있던/수십 갈래의 문이/하나였다는 것을/이제서야 알았'다고 술회하고 있다. 이 시에서 '수십 갈래의 문'은 백팔 번뇌에 버금가는 시적 화자의 복잡한 심정을 드러낸 시적 표현이다. 이「은거隱居 열 사흘째」에서 서정자아가 어떤 일로 은거를 하고 있는지가 중요하지 않다. 은거 생활 과정이거나 은거 생활 후의 결과가 중요하다. 그것은 깨달음이 결과이기 때문이다. 어떤 현상이나 대상에 대해 깨달음을 얻기 위해 그 은거의 출발이나 동기, 또는 그 과정이 중요한 일이 아니다. 시작품 속의 시적 화자가 그러한 수행의 은거 생활에서 무엇을 깨달은 가이다.

앞에서 간략하게 언급한 바와 같이 내 몸속에 수십 갈래의 욕망의 문이 있었지만 시 쓰기를 통해 '하나의 문이 되었다'며, 성찰과 반성을 하는 이런 점에 대해 심재칠 시인의 시정신이 철옹성의 성벽과 같다고 말하는 이유가 여기에 있다.「은거隱居 셋째 날」에서도 '뒤돌아 짚어보니/세상일에 참견을/많이도 했었구나'의 표현 역시 반성과 성찰로 점철된 선적(禪的) 경향의 자성(自省)임을 직감할 수 있다. 이런 성찰의 행동이 일어나게 만든 심리적 동기는 무엇일까. 아마도 오랫동안 불교와 인연을 맺어온 종교의식이 그 뿌리라는 것을 추정할 수 있다.

심재칠 시인은「은거隱居 이레째」에서는 자아탐구를 통해 드러나는 성찰이 구체화된다는 점이다. 이

시 「은거隱居 이레째」 3연의 2행과 3행에서 '걸친 옷 가지 벗어내고/싹을 틔운 몇 자라도 행간을 채워볼까'에서 단순한 성찰이 아니라 모든 욕망을 내려놓는 방하착의 무소유 의식을 보여준다는 점이 시집 『산이 한 송이 꽃이다』의 특징이다.

    내 손으로 문을 열고
    내 스스로 문을 걸어 잠근다
               -「은거隱居 첫째 날」 2연

  심재칠 시인이 은거하는 장소가 깊은 산속도 아니고 지정된 토굴도 아니다. [은거隱居 첫째날] 첫 행과 두 번째 행의 '회산마을 수양산 한 귀퉁이/고치 집만 한 오두막이 있어 은거처 로 삼았다'. 에서 보면 현재 거주하고 있는 회산동 아파트 앞쪽에 산의 옛 이름이 '수양산'으로 불려지는 모양이다.
  그 수양산 아래 텃밭을 일구기 위해 작은 농막을 지어놓고 자연과 벗하며 퇴직 후에 소일거리 공간을 가지고 있는 것이 아닌가 추정된다. 시는 상상력에 의해 주조된다. 그 상상력은 허구이고, 이 허구 속에서 진실을 찾는 행위가 문학이다. 사람은 누구나 자신만의 공간에서 깊은 사유를 하고 싶은 욕구가 있을 것이다. 버지니아 울프의 '자기만의 방'을 연상케

하는 심재칠 시인도 그러한 심정으로 누에고치처럼 자신만의 공간 속에서 자유롭게 시를 쓰고 사색하며 시 쓰기에 몰두하지 않았을까 상상해본다. 하지만 시인은 실제 거주하지 않는 가상적 공간일지라도 시적 화자(persona)가 성찰하는 그 결과가 중요한 것이기 때문에 어떤 장소가 중요하지 않다.

희로애락의 변주

지금까지 보아온 심재칠 시인의 시집 『산이 한 송이 꽃이다』 중에서 선적(禪的) 자성(自省)이 관련된 시 작품들을 조명해 보았다. 이어서 두 번째로 이 시집에 나타나는 정서는 인간의 근본적인 문제라고 할 수 있는 희로애락이 시작품 곳곳에 서려 있다. 누구나 만나면 헤어지고, 헤어지면 만나는 일이 우리들의 삶의 한 중심이다. 조우하고, 이별하는 문제를 단순히 언어로 기록한 것이 시가 아니다. 그 시작품을 읽는 일반 독자들에게 만남과 이별의 감정을 어떤 형식과 내용으로 전달할 것인가이다. 상투적인 표현으로 기록만 한다면 그것은 시가 아니라 일반적인 글이 된다는 것이다. 따라서 다음의 시작품에서 보여주는 심재칠 시인의 창작기법은 또 무엇인가를 기대하며 열어본다.

둥지 떠났다 명절 되니
철새처럼 날아오는 손주들

들꽃 만발한 숲길 나선 아이마냥
싱그러워진다

은빛 모래 위로
나풀거리며 꽃물결 치듯
꿈처럼 잠시 향기 피우고
때 되어 떠나고 나니
덩그러니 남은 두 사람
절간이 따로 없네

이쯤에서 바라보니
가장 아름다운 손님이다
- 「외갓집이 강릉이래요」 전문

위의 「외갓집이 강릉이래요」는 평범한 자유 형식의 서정시이지만 '기-승-전-결'이라는 형식을 갖춘 시이다. 시의 내용은 '둥지 떠났다 명절 되니/철새처럼 날아오는 손주들'을 만나는 시적 화자의 감정은 '기쁨·반가움'에서 다시 돌려보내고 난 뒤의 '덩그러니 남은 두 사람/절간이 따로 없'는 쓸쓸함으로 전환된다. 그러나 이 쓸쓸함은 평정된 일상의 감정으로 다시 돌아와 '가장 아름다운 손님'으로 재전환되고 있다. 이렇듯이 심재칠 시인은 견자(見者, voyant)로서 시적 사유를 1차 사유에서 끝나지 않는다. '기-승-전-결'의 형식을 통해 반전과 반전을 거듭하는 국면전환으로 독자들에게 신선함을 제공하는 특징을 지니고 있다. 또한 한갓 일상에서 많이 접하는 만남과 이별의 일들을 일반적인 사람들의 시선이 아니라 장 니콜라 아르튀르 랭보(프랑스어: Jean Nicolas Arthur Rimbaud)가 주장했던 '견자 시론'으로 사물을 관찰하고, 또 그 순간을 포착하는 시선이 매우 남다른 것을 알 수 있다.

그대의 심장 울림소리 들을 때마다
내 가슴도 터질 듯이 살아 있었고
그대는 나에게 전부를 내주었지만
나는 그대를 더럽힌 것 말고는 해준 것이
아무것도 없구나!

산을 안다고 했으나 산에 대해 말 못 하니
그대는 내 맘속을 꿰뚫어 알 것이다

백하고도 일곱 번을 받아준 대청봉 그대에게

마지막 입맞춤을 하며
　　　-「대청봉 연가戀歌」 일부

　산사람이라고 부를 만큼 산을 좋아하는 심재칠 시인은 산에 대한 사랑이 누구보다도 푸르고, 밝으며, 또 높고 짙기만 하다. 대청봉을 '그'라는 삼인칭 대명사로 지칭하여, 의인화한「대청봉 연가戀歌」는 어떤 시보다 심재칠 시인의 삶이 반영된 시이다. 아슬아슬하게 감정 절제가 불안한 듯하지만, 지금까지 생각해 왔던 대청봉에 대한 서정자아의 진실은 어떤 불순물도 개입하지 않는 본질 그 자체를 보여준다. 이처럼 문학 작품은 인간의 삶이 반영되어야 한다. 그런 까닭으로 심재칠 시인의 심미적 인식이 드러나고 그것을 통해 심미적인 체험을 하게 된다. 그럼으로써 그 시를 읽은 사람들의 지성을 높여 줄 뿐만 아니라 풍격(風格)의 인성을 제고하는 효과를 얻는다.
　심재칠 시인은 대청봉의 '심장 울림소리 들을 때마다' 시인의 가슴도 '터질 듯이 살아 있었고'. 대청봉은 심재칠 시인에게 '전부를 내주었지만', 정작 시인은 아무것도 준 것이 없다고 자성하고 있다. 일반적으로 사람들은 상대방에게 자신의 진술을 함부로 드러내지도 않겠지만 진솔하게 진술하지 않는다. 그러나 시인은 다르다. 시인에게는 올곧은 진술이 생명이다. 그것은 시인의 진술이 곧 독자의 마음으로 전이되고 확대되기 때문이다. 그런 까닭으로 서정 자아의 진술은 서정 자아에서 끝나는 것이 아니다. 그 진술은 독자에게 전달되고, 독자에게 전달된 진술은 독자가 다시 서정자아에게 말하는 순환적 진술이라는 것이다. 요컨대 시적화자의 진술이 곧 독자의 진술이다.

> 가마 타고 시집 올 때 함께 왔던 놋숟가락,
> 검버섯이 잔뜩 피어 눈물로 닦아냈다
> ……〈중략〉……
> 밤이 깊어질수록 점점 커지는 개구리 울음소리
> 혹여 배라도 고픈 걸까
> 푸르던 보리밭이 황금 물결 넘실대면
> 또다시 생각나는
> 그리운 어머니.
>
> -「숭고한 거짓말」 1, 5연

 예시의 「숭고한 거짓말」은 은유법으로 시작되는 시다. '가마 타고 시집 올 때 함께 왔던 놋숟가락'에서 그 '놋숟가락'은 무엇의 은유일까. '놋숟가락'의 의미는 '검버섯'으로 전이되고, 검버섯이 필 수 있는 대상은 사람이다. 그 사람은 '가마 타고 시집'을 왔으니,

이 숟가락은 그 당시 어머니의 상징이고, 현재의 시점에서는 늙으신 어머니를 상징한다. '또다시 생각' 난다는 서정 자아의 진술로 보아 이미 이 세상에 존재하지 않는 '어머니'이다. 그러므로 심재칠 시인은 어머니에 대한 마음이 '어제처럼 오늘도 내일도/지금 모습' (「여전如前히」 일부)과 같다는 것을 '여전如前히' 시 「여전如前히」에서 보여주고 있다.

　진실을 표현하는 진술 방식으로 가진술(假陳述), 또는 의사진술(擬似陳述)이 있다. 시작(詩作)에서 주로 사용되며, 상식을 뒤엎으면서도 시적 진실을 추구하는 표현 방식이다. 따라서 일상생활의 산문적인 말하기 방식과 구별되기도 한다. 또 사물이나 관념을 낯설게 하는 효과를 주기도 한다. 심재칠 시인은 이 가진술을 통해 '그리움'의 의미와 '애절'하면서 '슬픔'을 동시에 나타낸다. 따라서 「숭고한 거짓말」은 희로애락(喜怒哀樂) 중에서도 '애(哀)'를 형상화한 시로 분류할 수 있다. 이처럼 심재칠 시인의 시집 『산이 한 송이 꽃이다』에 가족과 관련된 희로애락의 감정을 드러낸 시작품들이 '선적(禪的) 자성(自省)'의 세계에 이어, 또 다른 새로운 시 세계를 이루고 있음을 확인할 수 있다. 글은 곧 그 사람인 것(뷔퐁)처럼 시는 곧 그 시인이다. 그러므로 심재칠 시인의 가장 기본적인 희로애락(喜怒哀樂)의 무늬가 시작품 속에 고스란히

육화(肉化)되어 있다.

    고삐 풀어 놓아 주고
    내 고삐도 풀었다

    소는 소대로 풀을 뜯고,
    서로를 잊은 채 나는 나대로 놀다가
    소도 잃고 나도 잃고 축 처진 어깨에 논두렁이
    무너질 듯이 돌아오는 길

    저녁밥 짓는 생솔가지 내음이 동구 밖에 퍼질 때
    저만치 돌담 옆에 행주치마 감싸 쥐고
    발만 동동 구르며 눈물 찍어 내시던
    무한 사랑 나의 님

    작두날 같은 아버지 눈동자,
    외양간 앞에서 두 손 들고 서 있던 날
    별이 총총한 밤하늘이
    눈물로 채워졌다
                -「소는 소대로 나는 나대로」전문

위의 시「소는 소대로 나는 나대로」전문(全文)을 예시로 삼은 이유는 이 시가 서사를 띠고 있기 때문이다. 즉, 시 전체를 놓고 볼 때 사건의 줄거리가 있는 서사시이다. 예시의 「소는 소대로 나는 나대로」를 현재의 시점에서 바라보면 매우 해학적이다. 그러나 과거 그 당시의 집안 분위기는 '저만치 돌담 옆에 행주치마 감싸 쥐고/발만 동동 구르며 눈물 찍어 내시던' 어머니와 '작두날 같은 아버지 눈동자'가 강렬한 이미지로 다가온다. 소를 잃어버리고 돌아온 아들에 대한 어머니의 긴장된 표정과 작두날 같은 눈빛으로 바라보는 아버지의 모습, 그리고 '외양간 앞에서 두 손 들고 서 있던' 시적 화자의 모습에서 독자들은 유년에 겪었던 동질의 추억을 떠올릴 수 있는 한 편의 드라마로 생각할 수 있게 만든다. 또한 한 가족의 진솔한 삶의 공동체적 모습도 엿볼 수 있다.

특히 '고삐 풀어 놓아 주고/내 고삐도 풀'어 놓아 일어난 사건을 리얼하게 묘사한 「소는 소대로 나는 나대로」에서 찾아낸 정서는 심재칠 시인이 상상력과 기억으로 풀어내는 역사가이며, 견자(見者)의 입장에서 찾아낸 진실을 언어로 그려내는 언어화가이다. 또 이 시는 회화시(繪畵詩)라는 점이다. 다시 말하면 한 폭의 한국화를 연상케 한다. 소를 잃어버린 자식의 굳은 얼굴을 바라보는 어머니의 긴장된 표정이며, 최고조로 달아오른 아버지의 화난 얼굴이 오버랩 되며, 또 울며 외양간 앞에서 두 손을 들고 벌을

서고 있는 아들의 모습(시적 자아), 이 세 사람의 표정이 각각 다른 의미로 한 폭의 희화화(戱畫畵)를 연상케 한다.

　예시 「소는 소대로 나는 나대로」는 사실적 묘사로 직설적이며, 어떤 기교도 사용하지 않았으면서도 시의 의미를 독자들에게 교시적·쾌락적 의미를 전달한다. 더 나아가 독자들이 시가 지니고 있는 함축적 의미를 용이하게 파악하여 다가오게 만든다. 이렇듯이 「소는 소대로 나는 나대로」의 시작품은 극히 평범한 구조로 짜여 있지만 문학의 기능을 충분히 담고 있는 서사시이다. 일반적인 서사시적 관행의 주요 양상들은 영웅의 존재를 주인공으로 삼는다는 점에 반해 「소는 소대로 나는 나대로」는 한 가족의 서민적 이야기가 보편성과 개연성을 내포하고 있다는 특별한 차별점이다. 그러나 이 시가 일상의 삶을 소재로 하는 단순성이지만 무의식에 억압되어 있는 독자들에게 이 단순성으로부터 벗어나 절대적 위안을 삼는 카타르시스가 발동하는 특유의 유혹이 있다는 것이다. 또 이 시는 특별한 수사법이나 모던(modern)한 창작기교가 사용되지 않는 점도 또 하나의 특징이다. 그런 연유로 진솔하고 솔직 담백한 시의 맛을 불러일으키는 독특한 모더니즘적 서사시로 여겨진다. 이런 점에서 다른 시인들이 좀처럼 가지기 힘든 '비범'

이라는 특이성을 심재칠 시인이 가지고 있다는 것이다.

　계단 오를 때도
　버스 탈 때도
　아이고 죽겠네 해도
　죽은 사람 없고

　아이고 미치겠네 해도
　미친 사람 없고

　아이고 아이고
　남이 불러주면 내가 죽은 것
　아이고
　내가 말하면 내가 살아 있다는 것
　　　　　　　　　－「아이고」 전반부

　위의 시 「아이고」는 제목만 보아도 평범한 일상에서 시의 소재를 찾아낸 것임을 알 수 있다. 시의 제목이 매우 코믹하다. 누구나 앉았다가 일어날 때 '아이고'라는 탄성이 무의식중에 입에서 나온다면 이것은 늙었다는 증거라고 사람들은 치부한다. 예시의 「소는 소대로 나는 나대로」에서도 느낄 수 있듯이 심재칠 시인의 일부 시에서 골계미(滑稽味)가 발견된다. 풍자나 해학의 수법으로 우스꽝스러운 상황이 그려

질 때 느껴지는 아름다움이 있다는 것이다. 시적 진술처럼 '계단 오를 때도/버스 탈 때도/아이고 죽겠네 해도/죽은 사람 없'다, 전수조사를 해본 적은 없지만 통상적인 예측을 통해 결론을 내리자면 '아이고 죽겠네'라 하지만 시인의 진술처럼 정작 '죽은 사람'은 없다. 역시 '아이고 미치겠네 해도/미친 사람'도 본 적이 없다. 비록 '아이고 죽겠다'는 말은 탄성이지만 자신의 입에서 그 말이 나온다면 그래도 살아 있는 것이고, '아이고 아이고/남이 불러주면 내가 죽은 것'이고, '아이고'라고 '내가 말하면 내가 살아 있다는 것'이라는 시인의 진술은 진부한 표현인 것 같으면서 '맞다'라는 독자들의 동의를 얻어내고 공감을 자아내며, 이런 점을 해학적이라고 할 수 있는 이유다. 따라서 시 「아이고」는 희로애락에서 '로(老)와 락(樂)에 해당하는 시로 받아들여진다. 따라서 대체로 심재칠 시인의 「소는 소대로 나는 나대로」, 「아이고」 등과 같은 이러한 시는 독자들이 쉽게 다가갈 수 있다는 장점이 있어 대중성을 갖는다.

석양으로 귀결

심재칠 시인에게는 석양(夕陽)이 또 다른 조양(朝陽)이다. 심재칠 시인은 '세상에 시를 쓰는 이 지천에 깔려도/누구라도 눈물을 흘리게 쓸 수 있다면/ 나 이제 님께서 걷던 길/그 길을 택하겠다'(「故 최명길 시인 화접사 시비 앞에서」일부)라고 진술했다. 이 시의 행에서 '나 이제 님께서 걷던 길'이 의미하는 것은 무엇일까? 최명길 시인의 시 세계를 따르겠다는 다짐이다. 필자가 아는 바에 의하면 최명길(1940~2014) 선생님은 속초에서 활동한 시인이다. 1969년도에 「거북바위」로 등단한 시인으로 평생 교단에서 후학양성과 시 창작에 몰두하다가 지난 2014년에 타계했다.

이 「故 최명길 시인 화접사 시비 앞에서」는 심재칠 시인이 최명길 시인에게 바치는 일종의 헌시이다. 헌시는 존경의 대상에게 바치는 시이다. 그러므로 헌시는 시인의 아포리즘(aphorism)이다. 다시 말해서 아포리즘은 신조, 원리, 진리 등을 간결하고 압축적인 형식으로 나타낸 짧은 글을 말한다. 이처럼 심재칠 시인은 헌시를 바칠 만큼 최명길 시인을 존경의 대상으로 삼아왔다. 그에 대한 존경심의 발로(發露)는 무엇일까. 2024년 8월 28일 자 발행된 《고성신문》에 〈천진 해안 '거북바위' 최명길 시인 등단작품의 배경〉이라는 칼럼(이선국)에서 그 이유를 찾을 수 있다.

생전에 최명길 시인이 말하기를 "시는 사유가 자성

에 부딪혀 일어나는 예리한 빛에서 촉발한다. 나는 이 극 미묘한 현존재들에 감각의 촉수를 들이대고 사유를 했다. 내가 많은 불면의 밤을 보냈던 것은 사유를 위해서였다. 사유가 깊어야 시의 빛깔이 깊다. 절벽 같은 소슬한 정신의 깊이에서 태어난 시는 유현하다. 내가 험준한 산에 들기를 게을리하지 않고 특히 절벽 난간에 서 있기를 좋아하는 까닭은 사유와 시의 이런 관계를 알아챘기 때문이었다."라고 했다. 이 같은 '최명길 시론'을 심재칠 시인이 자기 시론으로 수용했다는 것이다. 요컨대 심재칠 시인은 최명길 시인이 지켜왔던 '은유와 사유의 시인'으로 거듭나겠다는 자기 맹세이다.

이처럼 인생의 황혼기를 맞이하게 될 이쯤에 심재칠 시인은 '산다는 것이 무엇이며, 시란 또 무엇인가'를 고민하게 된다. 이런 고민이 시집 『산이 한 송이 꽃이다』에 실린 시편에서 쉽게 찾아볼 수 있다.

수탉의 긴 울음에서 깨어나
뻐꾹새의 산울림으로 점심을 먹고
부엉이의 느린 울음으로 저녁때를 깨닫는
하루를 보내는 시계
······〈중략〉······
세상의 길 한껏 올랐다가 내려오는 길.

시도 써보고 한바탕 잔치도 벌여보았으니
이제는 이 몸속에 천천히 가는 시계 하나
기르고 싶다
- 「시계가 없는 세상에 살고 싶다」 1, 3연

세월의 흐름을 못내 아쉬워하는 일이 유독 심재칠 시인만이 가지고 있는 소슬한 감정만은 아닐 터이다. 시간의 무게에 짓눌린 모든 사람의 생각일 것이다. 그래서 유수같이 흐르는 시간을 두고 선조들은 '삶은 일장춘몽(一場春夢)이다'라고 일갈했다. 일장춘몽은 덧없는 인생의 부귀와 영화를 비유하는 고사성어이다. 이 표현의 유래는 북송(北宋) 때의 시인이며, 학자, 정치가였던 소동파(蘇東坡)가 유배 중인 중국 해남 창화에서 만난 70대 노파와의 대화에서 비롯되었다. 그 노파는 소동파의 초라한 모습을 보고, "그대가 벼슬에 앉아 있던 지난날의 부귀영화가 '한바탕 꿈'에 지나지 않는다."라고 말했다. 소동파는 이 말에 동의하였고, 이를 계기로 '일장춘몽'이라는 표현이 탄생하게 된 유래다.

우리가 모두 주지하다시피 일장춘몽은 한바탕의 '봄꿈'을 의미하며, 인생의 부귀영화가 덧없이 왔다가는 봄철의 아지랑이와 같다는 교훈을 주는 사자성어이다. 그리고 보니 심재칠 시인도 '한바탕의

봄꿈'을 느낄 수 있을 만큼의 연륜이 쌓인 시인이다. 그런 연유로 시의 사유가 상승의 이미지에서 하강 이미지로 변하는 것도 당연지사다. 그래서 심재칠 시인은 「시계가 없는 세상에 살고 싶다」에서 '세상의 길 한껏 올랐다가 내려오는 길/시도 써보고 한바탕 잔치도 벌여보았으니/이제는 이 몸속에 천천히 가는 시계 하나/기르고 싶다'고 진술을 한다. 이것은 시간이 사형집행관이라는 것을 심재칠 시인은 알고 있기 때문이다. 한발 더 나아가 어떤 사람도 피할 수 없는 절대적 숙명이라는 것도 안다. 그러므로 시의식이 다시 원점으로 돌아가는 석양으로 기울 수밖에 없는 까닭이다.

    영성의 힘
    가득한 대관령을
    휘적휘적 홀로 걷는 이 있네
    기묘한 구름이
    모였다가 흩어지는 강릉의 영봉靈峰

    골짜기마다 물소리 바람 소리
    어우러진 향기에 취해
    산을 나올 줄 모르는 님

서천 노을 맥놀이에 취한

그이의 도포 자락이

노을빛에 물드네

- 「대관령 애愛」 전문

  이 시는 제목 「대관령 애愛」에서 알 수 있듯이 대관령을 사랑한다는 의미보다 가는 세월을 아쉬워하는 시이다. 앞에서 예시로 삼은 「다시 시작되는 사춘기」에서도 「대관령 애愛」와 같은 맥락의 시 의식의 흐름이 관찰된다. 이를테면 '수십 년 끌고 다니던//무거운 몸뚱이//늙어 몸 가벼워지니//지고 갈 짐도 없'(「다시 시작되는 사춘기」 일부)다는 진술에서 확인할 수 있다. 인간의 본래적 고향은 흙이다. 이런 평범한 진리를 일상적인 표현이 아니라 시적으로 의사진술(擬似陳述)을 한다는 것은 심재칠 시인이 일반적인 사람이 아닌 본인 스스로 시인임을 증명하고 있다.

  심재칠 시인이 상승적인 시 의식에서 하강적 시의식으로 변주되는 것을 확인이라도 하듯이 '서천 노을 맥놀이에 취한/그이의 도포 자락이/노을빛에 물드네'라고 진술하고 있다. 이 시적 표현에서도 「다시 시작되는 사춘기」와 같은 맥락이라 할 수 있는 심재칠 시인이 하강 이미지로 흘러간다는 것을 짐작할 수 있다. 이처럼 시간은 모든 것을 가라앉게 하지만 심재칠 시인은 무거운 정서를 있는 그대로 설명하기를 거부한다. 이것은 묘사(image)하거나 진술의 기법으로 의미를 드러내거나 전달하고, 그러한 명제들을 시인으로서 반드시 실천해야 한다는 자기 신념에 따른 것이다. 따라서 심재칠 시인은 시 쓰기를 통해 시인의 역할을 간과하지는 않겠다는 의지를 들어낸 자기 선언이다.

>인연이 닿았던
>이승의 온갖 바람 소리와
>처마 끝에 모여있던 빗방울이
>추락의 절정에서
>세상 위에 군림하는 왕관 모양도
>다보탑도 미친 넋이 되어 물로 돌아갑니다
>
>단내나는 삶 속에 진땀을 흘리며
>허욕에 부풀은 마음의 무게도
>파도에 씻기는 몽돌이 되어
>바다에 이르면 좋겠습니다
>　　　　　　　-「추락하는 물방울의 절정」3연

먼저 예문을 든 시「추락하는 물방울의 절정」을 분

석해 보기 전에 '무덤을 병풍 삼고/경계 없는 삶과 죽음 속에/그들은 산다//산 자와 죽은 자/가릴 것이 없는 곳/잿밥은 두고 가란다//'(「재궁齋宮 집」2연)를 보면 이 시작품에서도 심재칠 시인의 시의식이 하강 이미지화하고 있다. 또 앞의 「추락하는 물방울의 절정」에서 사용된 시어에서도 「재궁齋宮 집」과 같은 시의식이 발견된다. '추락'이라든지, '물로 돌아간다'라든지, 또는 '바다에 이르면 좋겠습니다'의 진술도 모두 하강 이미지의 시의식을 보여주는 사례로 들 수 있다.

  물은 낮은 곳으로 흐르기 마련이고, 만유인력의 법칙에 따라 물방울도 아래로 떨어지기 마련이다. 바다는 어느 것보다 낮은 곳에 위치하기 때문에 바다 그 자체가 하강의 이미지이다. 그런데 문학에서는 물이나 물방울, 강물 등이 왜 아래로 흐르는 것일까라는 현상에 대해선 별 관심이 없다. 왜냐하면 그것은 과학이기 때문이다. 우리가 궁금해하는 것은 심재칠 시인이 왜 하강 이미지에 갇혀있는가를 아는 것이 더 중요하다.

  사물을 바라보거나 어떤 현상에 의문을 제기하는 것은 과학이다. 그러나 심재칠 시인은 과학자가 아니라 시인이다. 그렇다면 심재칠 시인의 시의식이 무엇 때문에 하강 이미지化로 변주되는 걸까? 그것은 심재칠 시인이 모든 사람의 삶이 흙으로 귀결되어야 한다는 자연 순응의 정신을 가지고 있기 때문이다. 또 삶을 논의할 수 있는 경험적 연령에 해당된다는 점과 시를 써온 긴 시력(詩力)이 하강의 이미지로 흐르는 이유다. 다시 말하자면 지금 심재칠 시인이 추구하는 하강의 이미지는 데카당스(décadence)나 부정의 사유가 아니다. 심재칠 시인의 하강 이미지는 새로운 창조이다. 즉 윤회 사상에 가까운 의식이고, 유종의 미를 설파하려는 시적 전략에 따른 것이다. 이런 고도의 전략은 오랜 습작과 끊임없는 자기 성찰과 그리고 숙성된 질 좋은 사유만이 가능하다. 그런 숙성된 성찰과 사유가 있었으므로 네 번째 시집을 상재할 수 있었던 것으로 조심스레 점쳐본다.

통상적으로 첫 번째 시집은 그 시인의 정체성을 알 수 있는 계기로 삼는다. 두 번째 시집은 그 시인의 성장성을 예측하는 잣대로 삼는다. 세 번째 시집은 그 시인의 성숙성을 측정하는 기준이 된다. 그러나 심재칠 시인은 네 번째 시집을 상재했다. 따라서 그의 정체성이나 성장성, 그리고 성숙성은 이미 세 권의 시집으로 이미 입증되었다. 네 번째 시집은 완성도를 측정하는 잣대이다.

지금까지 상재한 시집에 대해 거론하는 이유는 심재칠 시인의 하강 이미지를 설명하려는 것으로, 적어도 '하강 이미지'를 시작(詩作)을 통해 드러내려면 적어도 세 권의 시집을 상재해야 한다는 것을 강조하려는 의도에 있다. 그만큼 하강 이미지를 자기 시 세계로 삼는 일이 결코 쉬운 일이 아니기 때문이다. 또 하강 이미지는 삶과 직결되기 때문이다. 시의식이 충분하게 성숙하지 않은 상태에서 하강 이미지를 시적 전략으로 사용하게 되면 자칫 형이상학적 시(metaphysical poem)를 쓰는 데 결정적 오류를 범하기 때문이다.

결론

심재칠 시인의 네 번째 시집 『산이 한 송이 꽃이다』를 정갈한 생각으로 살펴보았다. 시 세계는 '선적 자성', '희로애락의 변주', '석양으로 귀결'이라는 3가지 현상의 시 세계로 나뉘어져 있다. 이 3가지 시 의식의 흐름은 '상승 이미지'에서 '하강 이미지'로 변주되었다. 다시 말하면 '선적 자성'에서 '희로애락'으로, '희로애락'에서 '석양으로 귀결'되는 시 세계를 보여주었다. 덧붙여 말하면 이 3가지의 시 세계가 각각 독립된 세계가 아니라 시간의 고리로 연결되어 있다는 것이 주된 분석의 결과이다. 또 다른 특징을 살펴보면 일반적인 시에서는 화자(話者, persona)의 감정을 소재로 하는 서정성(抒情性)의 시를 쓰거나 지식을 기반으로 하는 주지시(主知詩)를 쓰는 경향이 오늘날의 실제적인 시류 현상이다. 그러나 심재칠 시인은 시류(時流)에 편승하지 않고, 오로지 자기만의 신념으로 무장된 독특한 모더니즘적 서정시를 일관되게 추구한다는 특성을 보인다.

특히 소재의 다양성이 돋보였다. 서정시의 단점이 시의 제목은 달라도 '그리움'의 범주에서 벗어나지 못한다는 아쉬움을 지니고 있지만, 심재칠 시인은 포스트모더니즘에서 비판하는 순수이성을 내세우고 소위 참신한 뚝심으로 저널 형식의 경험적 삶을 재연하고 있다. 참신한 뚝심이란 그의 진술엔 가식이 없다는 것이다. 그의 시 쓰기는 선종(禪宗)의 불립문자(不立文字) 교외별전(敎外別傳)을 따른다. 즉 선(禪)을 바탕으로 하는 자성(自省)으로 '회산연가(淮山戀歌)'의 지평을 열어가는 심재칠 시인의 시정신을 높이 사는 이유가 바로 여기에 있다.

심재칠 시집
산이 한송이 꽃이다

인 쇄 | 2024년 10월 31일
발 행 | 2024년 10월 31일

지은이 | 심재칠
기획·편집 | 김미지
디자인 | 윤다교

펴낸이 | 홍명수
펴낸곳 | 성원인쇄문화사

강원특별자치도 강릉시 성덕포남로 188
전 화 | (033)652-6375

ISBN 979-11-92224-37-4

값 13,000원

저자와 협의하여 인지를 생략합니다.
이 책은 강릉문화재단 후원으로 발간되었습니다.

- 저작권법에 의해 보호받는 저작물이므로 저자와 출판사의 동의 없이 내용의 일부를 인용하거나 발췌하는 것을 금합니다.
- 파손된 책은 구입처에서 교환해 드립니다.